ANALIZA KSIĄŻKI

AF142068

Podróż do końca nocy

. . . .

LOUIS-FERDINAND CÉLINE

ANALIZA KSIĄŻKI

Napisany przez Hadrien Seret
Przetłumaczony przez Kâmil Kowalski

Podróż do końca nocy

● ●

Louis-Ferdinand Céline

LOUIS-FERDINAND CÉLINE

FRANCUSKI LEKARZ I PISARZ

- **Urodzony w Courbevoie (Francja) w 1894 r.**

- **Zmarł w Meudon w 1961 r.**

- **Godne uwagi prace:**

  - *Śmierć na kredyt* (1936), *powieść*

  - *Cannon-Fodder* (1949), powieść

  - *Północ* (1960), powieść

Louis Ferdinand Destouches, znany jako Céline, był francuskim pisarzem, który urodził się w 1894 roku i zmarł w 1961 roku. Jest uważany za jednego z głównych powieściopisarzy 20th wieku za swoje dzieła, w tym *Podróż do końca nocy* (1932) i *Śmierć na kredyt* (1936).

Z wykształcenia lekarz, główną inspirację dla swoich utworów literackich czerpał z nietypowej drogi życiowej, w ramach której odwiedził wiele miejsc (Anglia, Kamerun, USA) i próbował różnych zawodów. Wynikające z tego doświadczenia posłużyły mu jako podstawa do potępienia trudów epoki, w której żył. Proces ten doprowadził go do sformułowania trudnych do pogodzenia opinii (od bezpłatnej opieki zdrowotnej dla ubogich po notoryczny antysemityzm), co uczyniło go jednym z najbardziej kontrowersyjnych pisarzy literatury francuskiej.

PODRÓŻ DO KOŃCA NOCY

WZLOTY I UPADKI POTĘPIENIA

- **Gatunek:** powieść

- **Wydanie referencyjne:** Céline, L-F. (1983) *Podróż do końca nocy*. Trans. Manheim, R. New York: New Directions Publishing Corporation.

- **Pierwsze wydanie:** 1932

- **Tematyka:** szczęście, poszukiwanie, podróż, kolonie, bieda, I wojna światowa

Wydana w 1932 roku i nagrodzona Prix Renaudot (francuską nagrodą literacką) w tym samym roku, *Podróż do kresu nocy* jest powieścią, która przyniosła Céline'owi sławę i zapewniła mu miejsce jako pełnoprawnemu graczowi w literaturze.

W tej książce, wypełnionej charakterystyczną dla siebie prozą, pisarz piętnuje odmowę dostrzeżenia przez świat (a zwłaszcza przez Europę lat dwudziestych) własnej biedy na rzecz ucieczki w stronę wymyślnych przyjemności, które tylko pogarszają sytuację, zamiast ją poprawiać.

Autor ukazuje więc poprzez doświadczenia swojego narratora, Bardamu, bezlitosny obraz tej epoki, która nastąpiła bezpośrednio po I wojnie światowej. Jest to oryginalny i dysonansowy portret, na który uniwersalny wpływ mają różne podróże bohatera.

STRESZCZENIE

Aby zapewnić jak najbardziej przejrzyste streszczenie, zdecydowaliśmy się nie stosować podziałów zastosowanych w książce i zamiast tego postanowiliśmy oddzielić sekcje według podróży. Chronologia powieści została zachowana.

PARYŻ I PIERWSZA WOJNA ŚWIATOWA

Paryż. W poszukiwaniu uznania i kierowany brawurą przyjaciela, który mu towarzyszy, Ferdinand Bardamu decyduje się pójść za oddziałem i wstąpić do armii. Jednak codzienność wojny światowej nie jest tak heroiczna, jak się spodziewał: odkrywa horror i upokorzenie bitwy, której nie rozumie ani celu, ani funkcjonowania. Pewnego dnia, podczas misji rozpoznawczej, staje twarzą w twarz z Robinsonem, rezerwistą, którego ambicją jest porzucenie armii. Wkrótce po ich spotkaniu Bardamu zostaje ciężko ranny i repatriowany do stolicy Francji.

Sławiony jako bohater wojenny, Ferdinand przez krótką chwilę rozkoszuje się sławą i próbuje zapomnieć o okropnościach, które przeżył. Bardzo szybko jednak uświadamia sobie hipokryzję sytuacji: fałszywą wartość medali, entuzjazm kobiet i pielęgniarek, które chcą się z nim przespać tylko po to, by zdobyć sławę (na przykład Musyne), a nawet pośpiech, z jakim ranni żołnierze tworzą sztuczki, by nie wrócić do walki. Sam Paryż jest obrazem panującej hipokryzji: miasto przeżywa ekonomiczny upadek, mimo że wszystko wydaje się iść w dobrym kierunku. Zmęczony tą atmosferą i swoim statusem żołnierza, Bardamu wraca w końcu do zdrowia po dwóch kolejnych wizytach w szpitalu. Później kolejne spotkanie z Robinsonem popycha bohatera do wyjazdu po przygodę do Afryki, do kolonii.

KOLONIE (FORT-GONO, TOPO)

Po burzliwej podróży morskiej, podczas której zostaje niemal zlinczowany przez załogę i pasażerów, Bardamu schodzi na ląd w Fort-Gono. Tam odkrywa, że życie jest o wiele trudniejsze, niż sobie wyobrażał; nie potrafi zaaklimatyzować się do niepewnego komfortu, dusznego upału, chorób ani wielu nienasyconych owadów. Z kolei tubylcy bardzo go intrygują i dzieli swój czas między obserwowanie ich i obrażanie.

Motywowany pragnieniem sukcesu, bohaterowi udaje się znaleźć pracę na straganie w Topo. Podróż tam jest trudna, a Bardamu jest słaby, gdy dociera do nowego celu i spotyka człowieka, którego musi zastąpić, a którym okazuje się być nie kto inny jak Robinson. Ten ostatni ucieka pod osłoną nocy w stronę nowych horyzontów, zapewniając, że zabierze ze sobą kiosk.

Wraz z dwoma kolegami (Alcide i Grappa) Bardamu wiedzie ubogą egzystencję, którą przerywają nagłe wysokie gorączki. W dniu, w którym jego chata zaczyna płonąć, zdaje sobie sprawę, że kolonie nie przyniosą mu upragnionego bogactwa: wyjeżdża więc z Afryki do Stanów Zjednoczonych.

STANY ZJEDNOCZONE
(NOWY JORK, DENVER)

Mimo kwarantanny jego statku, Bardamu udaje się przedostać do miasta Nowy Jork. Tam z fascynacją odkrywa drapacze chmur, Manhattan, Broadway, banki, sklepy, lśniące kino, ogromne hotele i labirynty (*Laugh Calvin*), a przede wszystkim dolara, którego przyrównuje do boga. Dzień po dniu narrator widzi, jak jego ograniczone oszczędności kolonialne rozpływają się jak śnieg w słońcu. Choć początkowo udaje mu się wyłudzić pieniądze od byłej kochanki (Loli), szybko musi pogodzić się z koniecznością znalezienia innego sposobu zarabiania na utrzymanie. Wyjeżdża więc do Detroit, gdzie dostaje pracę w firmie Ford. W tej szybko rozwijającej się firmie musi zmierzyć się z realiami pracy na linii produkcyjnej, irytującymi harmonogramami pracy i niskimi zarobkami. Na szczęście spotkanie z prostytutką Molly, a następnie przywiązanie do niej, daje mu siłę do dalszego działania.

Pewnej nocy spotyka Robinsona w tramwaju. Robinson przekonuje narratora do powrotu do Francji, gdzie dołączy do niego po rozwiązaniu jego sytuacji. Wbrew radom Molly po raz kolejny wypływa na morze, tym razem w kierunku swojej ojczyzny.

LA GARENNE-CLICHY

Mija wiele lat. Po powrocie na studia i zdobyciu dyplomu lekarza, Bardamu zakłada swoją praktykę w La Garenne-Clichy. Ponieważ w tym mieście jest już wielu lekarzy, życie jest trudne dla bohatera, który często jest wzywany w ostateczności przez klientów, którzy mu nie płacą. Ta darmowa usługa sprawia, że wydaje się być złym lekarzem. Nawiedzany przez strach przed tym, że nie może leczyć innych, widzi przed sobą paradę nieszczęść świata: nieudaną aborcję, nieudany poród, małżeństwo Henrouille, które próbuje go skorumpować, by wysłać teściową do przytułku, czy nawet swojego przyjaciela Béberta, którego nie może uratować przed tyfusem. Na domiar złego Robinson, który wrócił do Francji, bez końca dręczy go o te lęki. Robinson musi nawet skorzystać z doraźnej pomocy swojego starego przyjaciela, gdy misterny plan, który uknuł w celu zabicia teściowej Henrouillesów, obraca się przeciwko niemu, a on sam rani sobie oczy. Z pomocą księdza Protiste'a, Bardamu wysyła Robinsona do Tuluzy, aby doszedł do siebie. W tym czasie sam zgłasza się jako wolontariusz do małej kliniki, po czym otrzymuje rolę pashy w małym paryskim kabarecie, co pozwala mu odkryć show-biznes, jego radości i tragedie.

Następnie zostaje zaproszony do Tuluzy przez Robinsona, który stopniowo odzyskuje wzrok i ma zamiar poślubić Madelon. Jeśli chodzi o teściową Henrouilles, to ma się ona dobrze i składa wizytę w dochodowym skarbcu wypełnionym zmumifikowanymi turystami.

Po powrocie do Paryża Bardamu znajduje zatrudnienie w przytułku prowadzonym przez psychiatrę Barytona. Po tym jak narrator nauczył go angielskiego, Baryton daje Ferdinandowi klucze do swojej placówki i wyjeżdża do Wielkiej Brytanii. Robinson, który z pomocą przyjaciela Paraphine'a jakoś radzi sobie w nowej pracy, pewnego dnia zjawia się w zakładzie bohatera, szukając miejsca, w którym mógłby się ukryć przed Madelon, której już nie toleruje i nie chce poślubić. Lekarz jest dyplomatyczny i próbuje pogodzić parę, ale próba ta staje się tragiczna: wobec kategorycznej odmowy Robinsona poślubienia jej, Madelon strzela do niego, a on sam umiera kilka godzin później w ramionach Bardamu.

STUDIUM POSTACI

FERDYNAND BARDAMU

Ferdinand Bardamu jest narratorem i głównym bohaterem *Podróży do końca nocy*. Jest postacią powracającą w twórczości Céline'a, można go bowiem spotkać także w innych książkach, w których gra bohatera lub postać drugoplanową (zwłaszcza w *Śmierci na kredyt* i *Kościele*).

Przez cały czas trwania utworu Bardamu ewoluuje. Można wyróżnić dwa etapy jego rozwoju. Pierwszy obejmuje trzy początkowe części i można go uznać za trening jego epoki. Możemy zauważyć, że dla każdej z trzech części autor stosuje ten sam schemat narracyjny, którym jest:

- Faza zachwytu, w której Bardamu buduje swoje nadzieje na lepsze życie (heroiczny obraz armii, przygodowa strona kolonii, innowacyjny aspekt pionierskiej amerykańskiej nowoczesności).

- Faza powrotu do rzeczywistości: Aspiracje Bardamu zostają zahamowane przez przeszkody (często finansowe), które dostarczają mu ostrej kontroli rzeczywistości (jego kontuzja na polu walki, gorączki i bieda w Afryce, męcząca praca w Fordzie w Stanach Zjednoczonych).

- Zwrot krytyczny: poprzez konfrontację z rzeczywistością rzeczy (często poprzez pracę) Bardamu uświadamia sobie, że wszystkie pozory lepszego życia, które widzi wokół siebie, są tylko złudzeniami. Co więcej, przynoszą one korzyści tylko niektórym osobom.

Ta potrójna podróż, którą moglibyśmy uznać za rite of passage, podkreśla jedną z głównych cech tego bohatera; niemożność osiągnięcia szczęścia. Ponieważ szczęście ma w świecie, w którym żyje, charakter iluzoryczny, bohater nie może utrwalić swojej radości w sposób trwały. Widzimy to bardzo wyraźnie w jego życiu miłosnym (vide sytuacja z Musyne, Lolą czy Molly) czy w przyjaźni (w przerywanym związku, jaki łączy go z Robinsonem czy przyjaźni z Parafiną, która kończy się milczeniem).

Drugi z etapów rozwoju Bardamu ma miejsce w czwartej części, w Rancy. Decydując się na zostanie lekarzem, bohater nadaje swojej egzystencji spójność, punkt zaczepienia, który kładzie kres wzlotom i upadkom z pierwszych trzech części. Jakby dla podkreślenia tej zmiany w jego charakterze, Céline wprowadza kilkuletnią przerwę, dzięki czemu czytelnik od razu ma do czynienia z dużo dojrzalszym Bardamu. Nie jest on już aktorem w opowieści, ale obserwatorem cierpienia, którego stał się świadomy (na przykład bardzo szczegółowe opisy męki chorych, którzy go odwiedzają) i któremu stara się na swój sposób ulżyć.

LÉON ROBINSON

Léon Robinson jest w *Podróży do końca nocy* postacią o szczególnym statusie. Tajemniczy człowiek, Robinson to ktoś, kto nieustannie poszukuje tego złudnego szczęścia, do którego wprowadza Bardamu, a które ten ostatni w końcu odrzuca. W pierwszej części opowieści przyjmuje on rolę przewodnika, który otwiera bohaterowi drzwi do własnych doświadczeń, do tego stopnia, że Bardamu uważa go za wzór do naśladowania, by osiągnąć sukces. Jest więc oszołomiony swoim pechowym pobytem w Stanach Zjednoczonych: "To, czego się nie spodziewałem, to fakt, że on również był porażką w Ameryce. To była niespodzianka" (s. 200).

Robinson mimo swojej wytrwałości niczego nie osiąga. Jednak jego pragnienie szczęśliwego życia (i bycia bogatym) jest tak silne, że popycha go do przyjęcia wszelkiego rodzaju zadań, nawet tych najbardziej nikczemnych: widzimy na przykład, jak przygotowuje pułapkę, by zabić teściową Henrouille'ów w nadziei na zarobienie dużej sumy pieniędzy. Jednak podobnie jak Bardamu, Robinsona dotyka niemożność osiągnięcia szczęścia bez względu na to, co zrobi (co widać w jego historii miłosnej z Madelon). Jednak mimo swoich licznych niepowodzeń odmawia zmiany i kurczowo trzyma się celu, którego nigdy nie osiągnie, co mocno wytyka mu Bardamu: "'Jesteś burżujem!' powiedziałem mu w końcu [...]. ,Wszystko, o czym myślisz, to pieniądze… Gdy odzyskasz wzrok, będziesz najgorszy z całej gromady'" (s. 339). Tak więc ofiarność i bezinteresowność, jaką wykazuje doktor w czwartej części, przeciwstawia się apetytowi poszukiwacza przygód na bogactwo i jego chęci korzystania z chwilowych przyjemności. Ten antagonizm wywołuje stopniowy rozpad ich przyjaźni, a także odwrócenie ról w ich relacji: widzimy, jak Robinson staje się zależny od Bardamu, w przeciwieństwie do tego, co było wcześniej (widzimy to, gdy Bardamu zgadza się ukryć przyjaciela w swoim azylu).

Robinson jednak w końcu uwalnia się od tej iluzji szczęścia, odrzucając ostatnie zaloty Madelon. Jednak dla bohatera, który jest w pełni skupiony na tej iluzji, ten akt może zakończyć się tylko śmiercią.

ANALIZA

PODRÓŻ DO KOŃCA NOCY:
WYJAŚNIENIE TYTUŁU

O ile pod koniec powieści wybór włączenia do tytułu słowa "podróż" jest wyraźnie uzasadniony, o tyle skojarzenie "nocy", a zwłaszcza "końca", które nigdy nie są tak naprawdę sprecyzowane, może być zaskakujące, a nawet wytrącić czytelnika z równowagi. Nie chodzi o to, że ciemność jest nieobecna w fabule: wręcz przeciwnie, jest wszechobecna, czy to po prostu jako wskaźnik przestrzenno-czasowy, czy też w metaforach, czasem pozytywnych, czasem negatywnych (noc jako moment relaksu lub snu; noc jako przenośnik samotności lub niepokoju itp.) Jednak poprzez jedno szczególne zdanie Céline wskazuje na lepsze zrozumienie: "Tym właśnie jest życie, odrobiną światła, która kończy ciemność" (s. 294). Nocny klimat symbolizuje atmosferę, w której nie może przetrwać ani życie, ani żadne materialne i psychiczne pragnienia. Tym samym podróże Bardamu i Robinsona w celu uzyskania szczęścia przypominają misję niemożliwą, gdyż próbują oni posiadać coś, co nie istnieje.

W tej samej ogólnej idei, odmowa – jak to czynią dwaj bohaterowie – tej logiki o iluzji, która rządzi światem, jest odmową życia. W konsekwencji "koniec nocy" to, po prostu, umieranie: Robinson zanurza się głową w to zakończenie, podczas gdy Bardamu pozostaje po prostu na granicy, jasno myśląc o prawach rządzących jego egzystencją, ale nie odrzucając ich całkowicie (co widać w jego przygodzie z Sophie), co pozwala mu opowiedzieć czytelnikowi historię swojego życia.

KONTEKST TEKSTU I POTĘPIENIA: POCZĄTEK 20TH WIEKU

Podróż do końca nocy to nie tylko opowieść o rytuale przejścia i jego konsekwencjach. To także żywy osąd wczesnego XX wieku, czasu przedstawionego jako czas rozpadu i pławienia się w sztucznej radości, pozwalającej ludziom nie zauważać otaczającej ich nędzy.

To potępienie pojawia się w czterech częściach utworu; każda odzwierciedla bardzo konkretną rzeczywistość.

Część pierwsza: Pierwsza wojna światowa

Céline w swoim opisie konfliktu podkreśla dwie idee:

- Pierwszym z nich jest masakra, jaką wywołuje taki konflikt oraz brak zrozumienia dla przyczyn, które doprowadziły do walk ("Jak daleko sięgam pamięcią, nic nie zrobiłem Niemcom", s. 7).

- Drugim jest gotowość mieszkańców Paryża do zapomnienia, że jest na wojnie i do życia tak, jakby nic się nie działo. Céline szczególnie mocno krytykuje pragnienie sławy pielęgniarek, tchórzostwo rannych żołnierzy, przepych notoryczności i tych, którzy czerpią z wojny zyski (jak np. Madame Hérote).

Céline ubolewa więc w swoim tekście nad sztuczną stroną życia: nie ma prawdziwej miłości ani prawdziwego bohaterstwa, jest tylko atmosfera cierpienia, którą wszyscy ignorują, zwracając się ku fałszywej gratyfikacji.

Część druga: Kolonie

W tej części pisarz stara się przełamać stereotyp kolonii jako jakiegoś egzotycznego "El Dorado". Przedstawia francuskie firmy jako chciwe na bogactwo i nie wahające się eksploatować rdzennej ludności w najcięższy sposób. Opisuje też tzw. odważnych poszukiwaczy przygód, którzy są niczym innym jak cierpiącymi z powodu klimatu cudzoziemcami i ofiarami nadziei na szybką fortunę, która okazuje się nierealna. Opis ten jest też dla autora okazją do postawienia pytania, czy to tubylcy, czy nie tubylcy są najbardziej skłonni do bycia dzikusami.

Część trzecia: Amerykański sen

Lata po pierwszej wojnie światowej okazują się dla Stanów Zjednoczonych pomyślne. Kraj ten przeżywa rozkwit gospodarczy i obserwuje szybki postęp technologiczny, a także rozwój swoich miast: symbolem doskonałości tej podwójnej dynamiki jest bezdyskusyjnie Detroit, które rozwija się pod władzą renomowanych fabryk Forda. Ale takie firmy potrzebują kolosalnej siły roboczej. Pochodzi ona z wyludniania się wiejskiej Ameryki, ale także z wielu ludzi, którzy opuszczają zrujnowaną Europę w nadziei na lepsze życie. Jednak w większości przypadków czeka na nich tylko nużąca umysł i źle płatna praca. Wycieńczeni do granic możliwości przez swoich pracodawców, są niczym więcej niż odczłowieczoną i zautomatyzowaną masą, która pracuje dla wygody nielicznych. To właśnie tę dehumanizację piętnuje Céline;

opozycyjna opinia w czasach, gdy wszyscy byli zafascynowani Ameryką.

Część czwarta: Ubóstwo klasy robotniczej (Rancy)

Céline maluje tu portret miejskiej klasy robotniczej, która w całkowitej anonimowości przeżywa najgorsze smutki. Podkreśla również niewybredność, jakiej doznaje główny bohater, mimo ulgi, jaką stara się zapewnić tej klasie społecznej. Ta ostatnia część *Podróży do końca nocy* jest powodem, dla którego często mówi się, że powieść jest skierowana do klasy robotniczej.

FABUŁA NAPISANA
Z NIEPOWTARZALNYM STYLEM

Jednym ze znaków rozpoznawczych Louisa-Ferdinanda Céline'a jest bez wątpienia jego styl pisania: stosuje on pisemną transkrypcję popularnego, mówionego języka. Choć proces ten nie jest sam w sobie oryginalny (stosowali go już tacy autorzy jak Eugène Dabit), autor wyróżnia się jednak tym, że stosuje go w całej książce, a nie tylko w dialogach. Wybór ten nie jest bez znaczenia: świadczy o tym, że pisarz pragnie odtworzyć w piśmie emocje towarzyszące codziennej rozmowie. Przyjmując takie stanowisko, świadomie stawia się w delikatnej sytuacji wobec autorów klasycznych, których styl pisania uważa za zbyt zawiły i zimny.

Poniższe zdanie jest dobrym przykładem tego konkretnego stylu:

"Nigdy nie mogłam przełknąć wsi, zawsze uważałam ją za ponurą, te nie-kończące się pola, te domy, w których nikt nigdy nie mieszka, te drogi, które nigdzie nie prowadzą" (s. 8).

Rzeczywiście, w tym cytacie znajdujemy wiele popularnych cech, takich jak bezużyteczne powtórzenia (na przykład powtórzenie "tych") i użycie kontrakcji ("I'd, "nobody's", "don't"). Niemniej jednak ten wybór stylistyczny nie powstrzymuje pewnej skrupulatności w pisaniu: na przykład w tym fragmencie możemy zauważyć anaforę ('I'd […], I'd').

DALSZA REFLEKSJA

KILKA PYTAŃ DO PRZEMYŚLENIA...

- W *Podróży do końca nocy* postać Robinsona jest przewodnikiem, znakiem czy antybohaterem? Uzasadnij swoją odpowiedź.

- Jakie argumenty mogłyby przekonać czytelnika, że Bardamu jest postacią fikcyjną? A jakich argumentów można by użyć, aby udowodnić, że jest on alter ego autora?

- Dlaczego Céline jest zainteresowana pisaniem o takim wydarzeniu jak pierwsza wojna światowa?

- Wyjaśnij, w jaki sposób każde z miejsc, które odwiedza Bardamu, daje szansę Céline na potępienie konkretnej rzeczy.

- W jaki sposób można powiedzieć, że powieść otwiera się i zamyka w ciszy? W jaki sposób ta analiza nadaje inny wymiar historii Bardamu?

- Czy mając na uwadze epokę, w której powstała powieść, możemy uznać uwagi Bardamu dotyczące czarnych mieszkańców Afryki za rasizm?

- Skąd wiemy, że praca Céline jako lekarza odgrywa istotną rolę w samej fabule i jej rozwoju?

- W jaki sposób kontrast między amerykańską nowoczesnością a dehumanizacją robotników w Fordzie jest reprezentatywny dla koncepcji Céline dotyczącej iluzji szczęścia?

- Jak można porównać pojawienie się bezinteresowności Bardamu i potwierdzenie finansowej chciwości Robinsona do wspólnej podróży dzielącej na dwie części?

DALSZE CZYTANIE

WYDANIE REFERENCYJNE

Céline, L-F. (1983) *Podróż do końca nocy.* Trans. Manheim, R. New York: New Directions Publishing Corporation.

BADANIA REFERENCYJNE

Alméras, P. (2004) *Dictionnaire Céline.* Paris: Plon.

De Phalèse, H. (1993) *Guide de Voyage au bout de la nuit: Voyage au bout de la nuit à travers les nouvelles technologies.* Paris: Nizet.

Latin, D. (1988) *Le Voyage au bout de la nuit de Céline: roman de la subversion et subversion du roman: langue, fiction, écriture.* Bruksela: Palais des Académies.

Morand-Devillier, J. (2010) *Les idées politiques de Louis-Ferdinand Céline.* Paris: Écriture.

Vitoux, F. (1978) *Céline.* Paris: Pierre Belfond.

Chcemy usłyszeć od Ciebie, co się dzieje!
Zostaw komentarz na temat swojej internetowej biblioteki
i podziel się swoimi ulubionymi książkami w mediach społecznościowych!

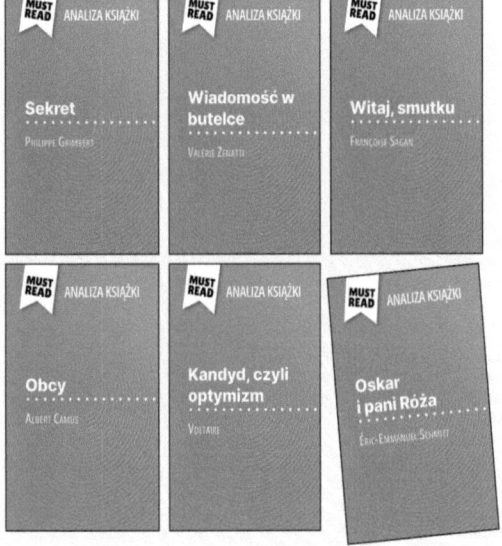

Master ISBN: 9782808693783
Papierowy ISBN: 9782808615181
Depozyt prawny: D/2023/12603/1798

Verhaal: © Primento

Projekt cyfrowy: Primento, cyfrowy partner wydawców.